Género Biografía

I0800055

¿? **Pregunta esencial**

¿Cómo pueden los inventos solucionar problemas?

El INVENTIVO LEWIS LATIMER

Maria Gill

Capítulo 1

UN COMIENZO DIFÍCIL

Lewis Latimer se convirtió en un inventor importante.

Lewis Latimer nació en el siglo XIX. Creció en una época en la que las personas de piel oscura eran esclavizadas. Tenían pocos derechos. Muchos políticos y otras personas querían declarar ilegal la esclavitud. Deseaban que todos los estadounidenses fueran libres. La Guerra Civil que tuvo lugar entre 1861 y 1865 puso fin a la esclavitud.

Lewis Latimer no permitió que ese tiempo difícil lo detuviera. Trabajó con algunos de los más grandes inventores de Estados Unidos. Luego se convirtió en un inventor importante.

Latimer desempeñó un papel importante en el desarrollo del alumbrado público.

Latimer trabajó mucho. Quería encontrar soluciones verdaderas a los problemas. Mejoró la bombilla para que el alumbrado eléctrico fuera más económico.

Recibió ayuda de otras personas y, para agradecerles, les dio la oportunidad de seguir sus sueños.

Lewis Latimer nació en Massachusetts en 1848. En 1842, sus padres huyeron de la esclavitud en Virginia y viajaron a Massachusetts. George, su padre, fue arrestado allí.

Massachusetts era un estado libre, por eso sus habitantes estaban en contra de la esclavitud. Un juez dictaminó que George aún le pertenecía al propietario de esclavos. Las personas que estaban en contra de la esclavitud no estuvieron de acuerdo con el juez. Alguien le pagó al propietario de esclavos en Virginia para que George pudiera ser libre.

Aunque George Latimer trabajaba mucho, ganaba muy poco dinero. Con frecuencia, Lewis faltaba a la escuela para poder ayudar a su padre. Tenía poco tiempo para jugar o hacer travesuras.

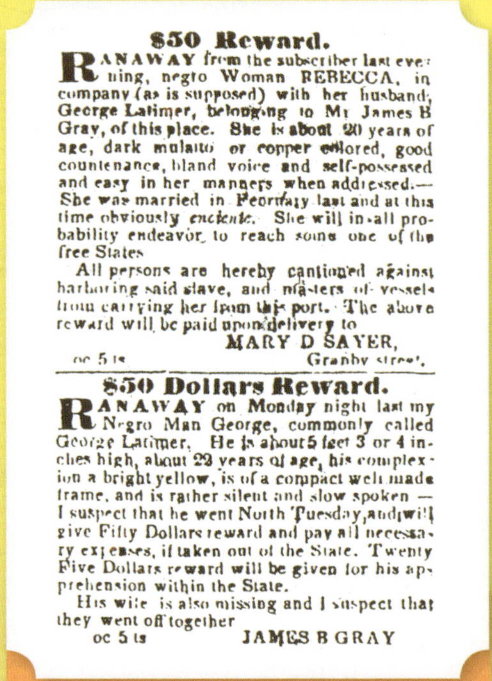

$50 Reward.

RANAWAY from the subscriber last evening, negro Woman REBECCA, in company (as is supposed) with her husband, George Latimer, belonging to Mr James B Gray, of this place. She is about 20 years of age, dark mulatto or copper colored, good countenance, bland voice and self-possessed and easy in her manners when addressed.—She was married in February last and at this time obviously *enciente*. She will in all probability endeavor to reach some one of the free States

All persons are hereby cautioned against harboring said slave, and masters of vessels from carrying her from this port. The above reward will be paid upon delivery to

MARY D SAYER,

oc 5 ts Granby street.

$50 Dollars Reward.

RANAWAY on Monday night last my Negro Man George, commonly called George Latimer. He is about 5 feet 3 or 4 inches high, about 23 years of age, his complexion a bright yellow, is of a compact well made frame, and is rather silent and slow spoken — I suspect that he went North Tuesday, and will give Fifty Dollars reward and pay all necessary expenses, if taken out of the State. Twenty Five Dollars reward will be given for his apprehension within the State.

His wife is also missing and I suspect that they went off together

oc 5 ts JAMES B GRAY

Para intentar encontrar a George y su esposa, el propietario de esclavos puso un anuncio en el periódico.

Cuando Lewis tenía ocho años, una corte decidió que una persona esclavizada no era libre aunque viviera en un estado libre. El padre de Lewis desapareció después de esto, seguramente por temor a perder su libertad. Lewis dejó la escuela. Tuvo que aceptar un trabajo para ayudar a su familia a sobrevivir.

La Guerra Civil estalló cuando Lewis tenía 13 años. Al cumplir los 16, se alistó en la Armada de la Unión para luchar en contra de la esclavitud.

La Guerra Civil

En 1861, el presidente Abraham Lincoln quiso ponerle fin a la esclavitud. Once estados del sur se negaron. Formaron los Estados Confederados de América. Los otros 23 estados estaban en contra de la esclavitud y se llamaban la Unión. Ese año estalló la guerra entre la Unión y los Estados Confederados. Estos últimos fueron derrotados en 1865. La esclavitud se prohibió como resultado de la Guerra Civil.

Durante la Guerra Civil, Latimer sirvió en el U.S.S. *Massasoit*.

AHORA COMPRUEBA

¿Qué obstáculos debió enfrentar Lewis Latimer?

Capítulo 2

CÓMO TRAZÓ SU CAMINO

Varios años después del fin de la Guerra Civil, Latimer comenzó a trabajar como mensajero para una firma de abogados en Boston, Massachusetts. La firma solicitaba patentes para inventos nuevos. Una **patente** evitaba que otros copiaran un invento. Los **diseñadores** dibujaban sus inventos para mostrar cómo funcionaban.

Latimer era buen dibujante. Pidió prestados algunos libros y herramientas. Aprendió a dibujar y medir cuidadosamente. Luego le mostró sus diseños a su jefe, quien le dio un trabajo como diseñador.

Latimer usaba herramientas de diseño, como reglas y compases.

Latimer se hizo amigo de un maestro llamado Alexander Graham Bell. Bell trabajaba en una escuela para personas sordas.

Bell le mostró algunos dibujos de su nuevo invento. Era una máquina para ayudar a su esposa sorda a oír. Tiempo después, esta máquina se convertiría en el teléfono que utilizamos actualmente.

Alexander Graham Bell obtuvo una patente para el teléfono en 1876.

Bell quería solicitar una patente para proteger su invento. Le pidió a Latimer que hiciera un dibujo de la máquina.

En esta época, inventos como el teléfono de Bell estaban cambiando el mundo a un ritmo vertiginoso. Thomas Edison había inventado una bombilla que podía durar encendida varias horas.

En 1880, Latimer comenzó a trabajar como diseñador. Trabajó para un inventor llamado Hiram Maxim. Maxim era el dueño de la Empresa de Energía Eléctrica de Estados Unidos. Su empresa fabricaba bombillas.

La bombilla de Edison

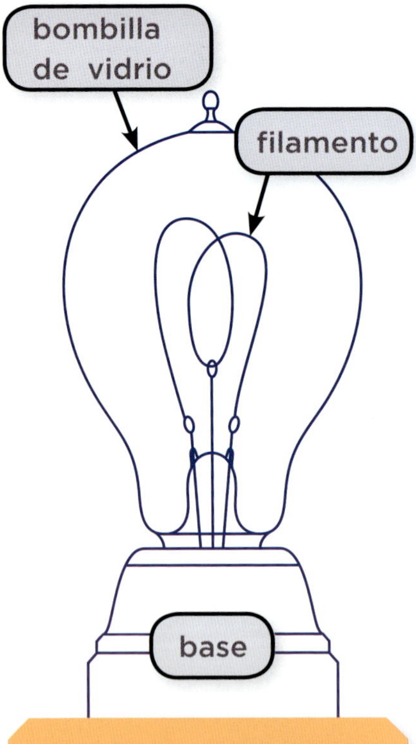

La primera bombilla de Edison se veía así.

Entre 1878 y 1879, Thomas Edison trabajó en la invención de una bombilla que pudiera durar encendida varias horas y cuya fabricación fuera económica. Una bombilla necesita electricidad para calentar una pieza de material llamada **filamento**. El filamento se enciende cuando se calienta.

Edison probó muchos materiales diferentes. Todos se quemaban muy rápido. Finalmente, descubrió que el algodón que había sido cocido podía durar 15 horas.

La empresa de Hiram Maxim hacía bombillas.

Latimer sabía que la electricidad ayudaría a las personas. Podrían hacer más rápido su trabajo con máquinas eléctricas. Además, dispondrían de luz eléctrica para leer y trabajar de noche.

Las bombillas eran costosas de fabricar y no duraban mucho; Latimer quería mejorarlas y hacerlas más económicas. Otros inventores también estaban intentando mejorar la bombilla.

AHORA COMPRUEBA

¿Cómo ayudaría la electricidad a las personas, según Latimer?

Detective del lenguaje ¿Cuál es la función del punto y coma en el texto subrayado?

Capítulo 3

UNA LUZ BRILLANTE

En la empresa de Hiram Maxim, Latimer hizo muchos experimentos para mejorar las bombillas. En 1881, descubrió que un filamento duraba más cuando estaba dentro de una envoltura especial de cartón. Esto permitía también que las bombillas fueran más luminosas.

Latimer hizo otras mejoras a las bombillas. Obtuvo patentes de sus inventos. Estas bombillas eran más económicas, así que más personas podían comprarlas.

Para hacer estas bombillas se construyeron nuevas fábricas. Latimer estaba a cargo de planearlas.

Latimer fue reconocido como un experto en electricidad. Indicaba a los consejos de las ciudades el mejor procedimiento para instalar las luces eléctricas. Su trabajo ayudó a las ciudades a iluminar sus calles.

Las farolas eléctricas eran más económicas y seguras que las farolas de gas.

Thomas Edison demandó a algunas de las empresas eléctricas en 1884. Él decía que estaban utilizando su diseño para fabricar bombillas.

Edison le pidió a Latimer que trabajara para él. Creía que su conocimiento le ayudaría a ganar su caso en la corte.

Latimer trabajó con Edison durante muchos años. Le ayudó a solicitar nuevas patentes y a defender sus diseños en la corte. Latimer desarrolló también inventos propios, como un ascensor.

Lewis Latimer obtuvo varias patentes a su nombre.

Detective del lenguaje

Señala en el texto subrayado la concordancia entre el pronombre y el verbo.

Los Pioneros de Edison

Edison, quien estaba muy agradecido con Latimer por su ayuda, lo invitó en 1918 a unirse a un grupo de inventores que habían trabajado con él. Estas personas eran conocidas como los Pioneros de Edison. Latimer era el único afroamericano del grupo.

Lewis Latimer está de pie en la primera fila; Thomas Edison está sentado.

Latimer también ayudó a otras personas. Nunca olvidó lo difíciles que fueron sus primeros años de vida. Por eso deseaba que la vida fuera más fácil para los demás.

Trabajó para mejorar los derechos de los afroamericanos. Enseñó inglés y diseño a inmigrantes. También ayudó a inventores jóvenes a solicitar patentes.

Lewis Latimer tuvo un comienzo difícil. Buscó formas de mejorar su vida. También logró ayudar a otras personas. Se volvió muy exitoso.

Sus inventos ayudaron a iluminar hogares, negocios y ciudades. El trabajo de Latimer con inmigrantes, afroamericanos y jóvenes inventores también hizo más radiantes sus vidas.

Línea cronológica

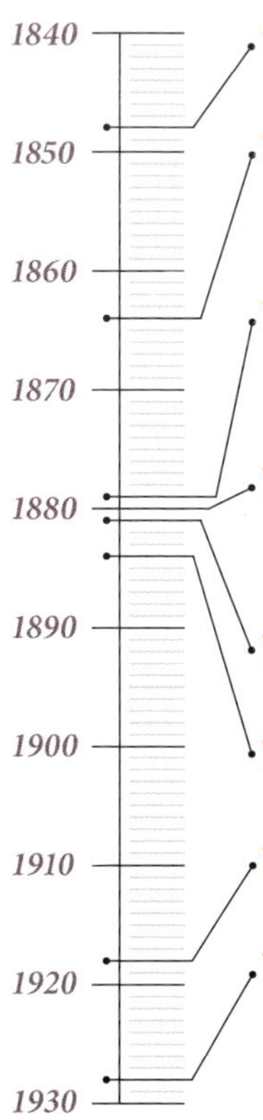

1848 Nace Lewis Latimer

1864 Latimer se une a la Armada de la Unión durante la Guerra Civil

1879 Thomas Edison inventa una bombilla que podía durar encendida varias horas

1880 Latimer trabaja para la Empresa de Energía Eléctrica de Estados Unidos

1881 Latimer mejora la bombilla de Edison

1884 Latimer comienza a trabajar para Edison

1918 Latimer se une a los Pioneros de Edison

1928 Latimer muere

AHORA COMPRUEBA

¿Cuáles fueron los logros de Latimer?

Respuesta a la lectura

Resumir

Usa detalles importantes de *El inventivo Lewis Latimer* para resumir el texto. Puedes usar el organizador gráfico como ayuda.

Problema	Solución

Evidencia en el texto

1. ¿Cómo sabes que *El inventivo Lewis Latimer* es una biografía? Identifica una característica que te ayude a determinarlo. **GÉNERO**

2. Vuelve a leer las páginas 9 y 10. ¿Qué problema solucionó Lewis Latimer? ¿Cuál fue la solución? **PROBLEMA Y SOLUCIÓN**

3. Mira la palabra *teléfono* en la página 7. Viene de dos raíces griegas: *tele-* y *-fono*. La raíz *tele-* significa "lejos". Usa lo que sabes de la palabra *teléfono* para averiguar el significado de la raíz *-fono*. **RAÍCES GRIEGAS**

4. Escribe sobre un invento importante del texto. ¿Qué problema solucionó el inventor? Incluye detalles del texto. **ESCRIBIR SOBRE LA LECTURA**

Género Cuento de hadas

Compara los textos

Lee sobre cómo el limón enciende una bombilla.

Electrohada

Las niñas se reunieron para hacer una pequeña fiesta y dormir en la casa de Susana. Se pusieron su pijama y se cepillaron los dientes y el cabello.

—Espero que no hablen hasta tarde —dijo la mamá de Susana con una gran sonrisa—. ¡Dulces sueños y buenas noches!

—Hasta mañana —dijeron las niñas a coro.

Marcela, Samanta y Susana se acomodaron para dormir después de la celebración del cumpleaños de Susana, quien había cumplido diez años. Por esta razón, su mamá le había organizado una fiesta divertidísima y sus amigas se quedaron a dormir en casa con ella.

Las niñas dormían profundamente. Sin embargo, Samanta se despertó a medianoche. Tenía sed y fue a la cocina por agua. Cuando regresó al cuarto, encendió la luz y despertó a Marcela y a Susana. Las tres se pusieron a conversar un poco, cuando de repente, se fue la luz. Las niñas se asustaron y Susana buscó rápidamente su linterna. Esta no tenía batería suficiente para encender la bombilla.

—¿Necesitan ayuda? —oyeron decir las niñas en medio de la oscuridad de la noche.

—¿Quién habla? —preguntó Susana.

Samanta y Marcela dijeron que ellas no habían abierto la boca.

—Fui yo, Electrohada —dijo una criatura pequeña y luminosa—. Vine porque, al parecer, necesitan iluminación.

—¿Vas a prender la luz en toda la casa? —preguntó Marcela.

—Les enseñaré algo mejor: cómo prender las bombillas cuando no tengan batería —respondió Electrohada.

La luz de Electrohada era suficiente para que las niñas vieran lo que estaba haciendo y para verse a sí mismas. Electrohada sacó un limón de su bolsillo.

—¿Para qué es el limón? —preguntó Samanta—. ¿Vas a hacer limonada?

—Limonada a estas horas podría sentarnos mal y terminaríamos mareadas. El limón nos servirá para algo más. Aguarda y verás —respondió Electrohada—. Necesito un clavo... ¡Ya lo encontré! Estos clavos se escabullen con facilidad en mi bolsillo. Ahora voy a necesitar una moneda de cobre.

Susana tenía muchas en un recipiente. Allí las guardaba para ahorrar dinero. Fue fácil encontrarla.

—Ahora —dijo Electrohada—, ponemos el clavo y la moneda en el limón, y también los cables de la linterna, conectados a la bombilla.

¡La bombilla se encendió!

—¡Muchas gracias! —exclamaron las niñas a coro.

Haz conexiones

¿Cómo solucionó el hada el problema que tenían las tres niñas en *Electrohada*? **PREGUNTA ESENCIAL**

¿Cómo ayudaron los inventos de Lewis Latimer, en *El inventivo Lewis Latimer* y del hada, en *Electrohada* a otras personas? **EL TEXTO Y OTROS TEXTOS**

Glosario

diseñador persona que hace planos o dibujos ***(página 6)***

filamento alambre delgado en el interior de una bombilla que se enciende cuando se calienta por medio de la corriente eléctrica ***(página 8)***

patente documento que protege un invento de ser copiado sin el permiso del inventor por un cierto número de años ***(página 6)***

Índice

Enfoque:

Ciencias

Propósito Inventar algo que solucione un problema

Procedimiento

Paso 1 Con un compañero o una compañera, o por tu cuenta, haz una lluvia de ideas sobre nuevos inventos que solucionarían problemas. ¡Sé creativo!

Paso 2 Elige un invento que te gustaría diseñar.

Paso 3 Dibuja tu invento. Incluye muchos detalles y rótulos. Escribe al menos un párrafo que describa lo que hace tu invento. ¿Por qué es necesario? ¿Cómo soluciona un problema?

Paso 4 Presenta tu invento al resto de la clase.

Conclusión ¿Qué has aprendido sobre los inventos? ¿Crees que tu invento podría fabricarse y venderse? ¿Por qué?